BEI GRIN MACHT SICH IHR WISSEN BEZAHLT

- Wir veröffentlichen Ihre Hausarbeit,
  Bachelor- und Masterarbeit

- Ihr eigenes eBook und Buch -
  weltweit in allen wichtigen Shops

- Verdienen Sie an jedem Verkauf

Jetzt bei www.GRIN.com hochladen und kostenlos publizieren

Martin Schlesier

Event-Driven Architecture (EDA), P2P und Electronical Data Interchange (EDI). Klausurfragen zur Prüfungsvorbereitung

GRIN Verlag

Bibliografische Information der Deutschen Nationalbibliothek:

Die Deutsche Bibliothek verzeichnet diese Publikation in der Deutschen National-
bibliografie; detaillierte bibliografische Daten sind im Internet über http://dnb.d-
nb.de/ abrufbar.

Impressum:

Copyright © 2010 GRIN Verlag GmbH
Druck und Bindung: Books on Demand GmbH, Norderstedt Germany
ISBN: 978-3-656-97163-4

Dieses Buch bei GRIN:

http://www.grin.com/de/e-book/299093/event-driven-architecture-eda-p2p-und-
electronical-data-interchange

GRIN - Your knowledge has value

Der GRIN Verlag publiziert seit 1998 wissenschaftliche Arbeiten von Studenten, Hochschullehrern und anderen Akademikern als eBook und gedrucktes Buch. Die Verlagswebsite www.grin.com ist die ideale Plattform zur Veröffentlichung von Hausarbeiten, Abschlussarbeiten, wissenschaftlichen Aufsätzen, Dissertationen und Fachbüchern.

Besuchen Sie uns im Internet:

http://www.grin.com/

http://www.facebook.com/grincom

http://www.twitter.com/grin_com

EDA (Event-Driven-Architecture)

1. **Nennen Sie Beispiele von Ereignissen im betriebswirtschaftlichen Kontext, die für den Einsatz einer EDA sinnvoll wäre? (4)**

    <u>Logistik:</u>
    Eingang eines Werkstücks, Beenden eines Fertigungsschrittes oder Auftreten eines Fehlers, Lokalisierung und Identifizierung von Waren bspw. mit RFID
    <u>Sonstiges:</u>
    Eingang von Bestellungen, Aufträgen, Buchungen, Rechnungen etc., Kursänderung an der Börse,

2. **Was versteht man unter BAM? (2)**

    Business Activity Monitoring - bezeichnet die Sammlung von Analysen und Präsentationen über zeitrelevante Geschäftsprozesse in Organisationen (Visualisierung von Ereignissen -> Dashboard, Cockpit)

3. **Was bedeutet SOA 2.0/Advanced SOA? (1)**

    Kombination von SOA und EDA wurde von Gartner als SOA 2.0 postuliert

4. **Erläutern Sie kurz Ereignisorientierung und den daraus sich ergebenen impliziten Eigenschaften! (6)**

    Ereignisse werden in Form von Nachrichten an eine Middleware gesendet. Diese leitet diese Nachricht weiter, d.h. sie macht diese allen Softwarekomponenten bekannt, die sich für diese Nachricht interessieren.
    *   Die Middleware dient also als Mediator, d.h. die ereigniserzeugende Komponente weiß nicht, wer die Nachricht erhält bzw. wie sie weiterverarbeitet wird.
    *   Die Komponenten die über Ereignisse kommunizieren kennen sich nicht, müssen aber die Semantik der Nachrichten verstehen.
    *   Kommunikation ist asynchron d.h. lose Kopplung.
    *   Komponenten sind autonom und entscheiden selbst was sie mit den Nachrichten machen.
    *   Komponentenübergreifende Prozesse sind nicht als Ganzes beschrieben.
    *   Prozessbeschreibung ist in Form von Ereignisbehandlungsroutinen in div. Komponenten verteilt d.h. komponentenübergreifende Geschäftsprozesse sind nicht gut voneinander abzugrenzen, somit schlecht änder- und wartbarer.

5. **Warum wird bei B2B-Anwendungen ereignisgesteuerter Datenaustausch präferiert? (2)**

    *   Die lose Kopplung welche redundante Daten- und Funktionshaltung zur Folge hat.
    *   Wenn im Geschäftsfeld eine große Menge von Ereignissen auftreten für deren Verarbeitung kein definierter Ablauf existiert.

6. **Erläutern Sie CEP (Complex Event Processing)! (6)**

CEP hat das Ziel das Erkennen von Mustern (event patterns) innerhalb der „Ereigniswolke". Dafür ist das Verarbeiten großer Ereignisströme notwendig. Die Ereignisse werden nicht nur unabhängig voneinander betrachtet, sondern auch deren Abhängigkeiten und Korrelationen. Erst die Betrachtung der Ereignisse über einen längeren Zeitraum lässt entsprechende Schlussfolgerungen zu. Deswegen sind die Ereignisströme (event streams) mit den aktuellen und vergangenen Ereignissen zu betrachten. **Beispiele:** System für den Aktienhandel, das Millionen von Ereignissen verarbeitet

7. **Nennen Sie Beispiele für die Informationen die innerhalb eines Ereignisses festgehalten werden sollten. (2)**

Metadaten, Ereignistyp, Ereignisquelle, Auftrittszeitpunkt, eindeutige ID, Nutzdaten
Beispiele: Flugdaten einer Flugbuchung, Geldbetrag und Konten für Geldtransaktion, Ware und Empfänger einer Warenlieferung

8. **Nennen Sie die Komponenten einer CEP Architektur und erläutern sie die Aufgaben bzw. Funktion der Elemente. (12)**

Spezifikation: präzise Definition notwendig, damit Ereignisse verarbeitet werden können; Beschreibung von Ereignistypen, Abhängigkeiten und Wechselwirkungen; oft wird Ereignishierarchie gebildet: vom abstrakten Ereignistyp (ID, Zeitstempel...) zum spez. Domainereignis; Implementierung meist durch Key-Value-Paare, POJOs und XML; Semantik der Ereignisse sollte genau definiert sein, damit die Komponenten diese korrekt interpretieren können
Daten: beschreiben die in der realen Welt aufgetretenen Daten (Exemplar einer Spezifikation)
Verarbeitungsregeln: Definition von Regeln auf Basis der Ereignisspezifikation (Transformation, Filtern, Aggregieren, Erzeugen neuer Ereignisse); Regeln definieren Aktionen, wenn best. Muster im Ereignisfluss erkannt wird; Regeln können bestehen aus einem Trigger, der aus ein oder mehreren Mustern besteht und einer Aktion, die ausgeführt wird; Beziehungstypen von Ereignissen und Mustern (Zeitliche, Ursächliche, Aggregation von Ereignissen)
Verarbeitungs-Engine: Regelmaschine, lädt und verarbeitet (wendet die Regeln an) auf die Ereignisse; beim Pattern-Matching werden auch Vergangenheitsdaten berücksichtigt; Daten der Vergangenheit müssen vorgehalten werden, jedoch impraktikabel (Bsp. Aktienkurse); pragmatisch werden vergangenheitsbezogenen Ereignisse in einem Zeit oder Längenfenster gespeichert; wenn diese überschritten sind, dann wird das Ereignis gelöscht

9. **Was ist ein EPA und was macht dieser? (2)**

EPA steht für Event-Processing-Agents. Diese übernehmen die Erkennung und Verarbeitung von relevanten Ereignismustern. Außerdem können EPA Ereignisse modifizieren, bspw. Umwandlung in ein anderes Format (Event Transformation).

- das Filtern relevanter Ereignisse aus einer großen Menge
- die Aggregation gemäß fachlicher Zusammenhänge zu komplexen Ereignissen
- die Überwachung hinsichtlich des Fehlens bestimmter Ereignisse

10. Welche Muster der Ereignisverarbeitung kennen Sie? Beschreiben Sie diese? (5)

Event Filtering: um mit der Menge an Ereignissen umgehen zu können, werden diese gefiltert, bspw. nach best. Typ oder Ereignisse mit best. Inhalt; Filtern reduziert die Menge der zu betrachtenden Ereignisse (effiziente Verarbeitung)

Content-based Routing: Ereignistyp oder Inhalt entscheiden darüber, wohin ein Ereignis weitergeleitet wird;

Event Splitting and Event Aggregation: manchmal muss ein Ereignis in Bestandteile aufgeteilt werden (Bestellung in Bestellpositionen) oder aber auch zusammengefasst (um Gesamtzahl der Ereignisse zu reduzieren);

Event Transformation: Nach der Umwandlung in ein anderes Format (event transformation) durch die EPA können die Inhalte erweitert (content enrichment) werden bspw. enthält ein Ereignis eine Personalnummer und nach der Verarbeitung durch EPA alle personenbezogenen Daten;

Synthesis of Complex Events: Erzeugung komplexer Events aus mehreren einfachen Ereignissen bspw. Wertpapierhandel;

11. Was sind EPN? (2)

EPN steht für Event Processing Networks. Dieses dient zur grafischen Darstellung der Ereignisverarbeitung in einer CEP.

12. Skizzieren und Erläutern Sie die EDA Referenzarchitektur? (12)

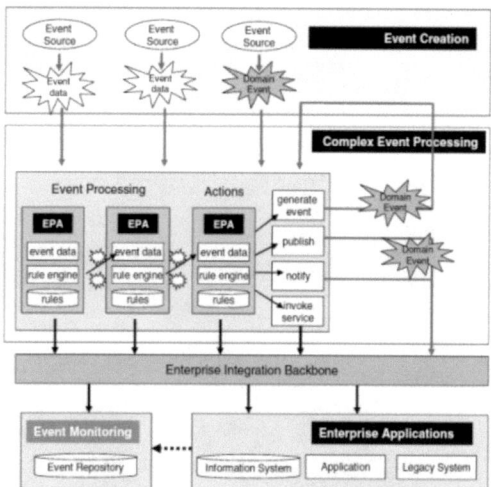

Event Creation: in dieser Schicht befinden sich die Ereignisquellen; ausgelöst durch externe Geräte wie RFID-Lesegeräte, Änderungen v. Systemzuständen, Eintreffen einer Email, Änderung eines Datensatzes; auftretende Ereignisse werden hier ggf. in ein Standarddatenformat transformiert (bspw. XML o. Java);

CEP-Komponente: zentrale Steuerungseinheit; enthält das EPN zur Ereignisverarbeitung, welches entsprechende EPA enthält;

Enterprise Integration Backbone: stellt Schnittstelle bzw. Facade zur Verfügung, damit CEP-Einheit auf die Anwendungssysteme zugreifen kann; ist bspw. notwendig, wenn Nachrichten (Ereignisse) mit zusätzlichen Informationen angereichert werden müssen; Kommunikation ist unidirektional, d.h. die Anwendungskomponenten kennen die CEP-Komponente nicht; Event-Monitoring-Komponente: optional; enthält Repository zur Speicherung der Ereignisse; Dauer hängt vom jeweiligen Typ ab; i.d.R. werden komplexe Ereignisse gespeichert; ist die einzige Komponente, die von Anwendungssystemen gesehen werden kann; kann von den AS verwendet werden, um Ereignisse anzuzeigen, auszuwerten oder in einer BAM-Komponente zu visualisieren;

13. **Erläutern Sie den Status Quo bei den EDA. (5)**

- es fehlen allg. Standards insbesondere für Event Processing Languages zur Beschreibung von Mustern und Regeln
- keine etablierten Methoden für die Entwicklung von EDA-Anwendungen vorhanden
- es fehlen Guidelines, Entwurfsmuster oder wiederverwendbare EPA
- keine etablierten Produkte auf dem CEP-Markt
- mangelnde Werkzeugunterstützung (bspw. Debugging von Regelsystemen)
- wenig Erfahrung mit wirklich komplexen EDA-Systemen, komplexe Regelsysteme sind für viele Unternehmen absolutes Neuland

P2P (Peer-to-Peer)

1. **Was verstehen Sie unter Peer-to-Peer Architekturen? (2-5)**

   Es ist eine verteilte Systemarchitektur, die keine Unterscheidung zwischen Client und Server macht. Alle Knoten im Netzwerk sind gleichwertige Partner („peers" steht für Ebenbürtige, Gleichgestellte), d.h. ein Peer-Knoten kann sowohl Client als auch Server sein.

2. **Welche Nachteile klassischer CS-Architekturen versuchen P2P-Architekturen zu lösen? (3)**

   - schlecht skalierbar: wenn Anzahl der Request zunimmt, sind keine akzeptablen Antwortzeiten zu gewährleisten -> Server wird zum Flaschenhals
   - Server stellen exklusiv Daten und Dienste bereit und sind somit Single-Point-of-Failure, wenn Server ausfällt sind alle Clients betroffen
   - auf der Client-Seite ist immer ungenutzte Rechenleistung vorhanden

   Aber Peer-to-Peer Netzwerke bieten ein alternatives Architekturkonzept, dass versucht die dargestellten Aspekte zu lösen.

3. **Nennen Sie fünf Merkmale von P2P-Architkturen. (5)**

   - ein P2P Netzwerk besteht aus Knoten, die unmittelbar (also ohne Umweg über einen Server) miteinander kommunizieren
   - wechselseitige Nutzung der Ressourcen
   - keine hierarchische, sondern eine symmetrische Kommunikation zwischen den Peers
   - ein Peer kann sowohl Anfragen stellen als auch beantworten
   - mögliche Ressourcen die gegenseitig genutzt werden können: Daten, CPU-Zeit, Speicher und Netzwerkbandbreite

4. **Innerhalb eines P2P Netzes existiert kein zentraler Server, was bedeutet dies für den einzelnen Peer bzw. was bedeutet dies für das gesamte Netz? (2-3)**

   Peers müssen infrastrukturelle Aufgaben übernehmen bspw. andere Peers suchen oder Routing von Nachrichten. Denn in Peers gibt es keine zentrale Steuerung oder Kontrolle. Die P2P-Netze sind selbstorganisierend und die Topologie kann sich dynamisch verändern. Damit Ressourcen dauerhaft im Netz verfügbar sind, müssen diese redundant vorgehalten werden. Dadurch sind P2P Netzwerke fehlertolerant. Mit Hilfe von P2P Netzwerken lassen sich soziale Communities bilden, die unabhängig von einer vorgegebenen und administrierten Netzinfrastruktur sind. Jede Gruppe mit gemeinsamen Interessen kann ein eigenes Netzwerk bilden.

5. **Was versteht man unter der Aussage "P2P Netzwerke sind applikationsbasiert"? Erläutern Sie mit Ihren eigenen Worten. (2)**

   P2P Netzwerke sind applikationsbasiert, da das Netzwerk aller Knoten das File-Sharing-System „Gnutella" installiert hat.

6. Erläutern Sie den Begriff "Overlay Network"! (2)

Über ein bestehendes Netzwerk (das sogenannte Underlay) wird ein anderes logisches Netz aufgesetzt. Die Knoten die im Overlay Netzwerk benachbart sind, können physisch sehr weit auseinander liegen.

7. Nennen und erläutern Sie mit Ihren eigenen Worten die Vorteile von P2P Netzwerken. (6)

- keine Abhängigkeit von wenigen Servern
- kein Flaschenhals
- kein zentraler Angriffspunkt
- bessere Skalierung
- benötigen keine spezielle Administration wie Server
- selbstorganisierend und autonom

8. Erläutern Sie den funktionellen Ablauf von der Registrierung bis zum Dateidownload bei Napster. (5)

Die Clients (Napster) registrieren sich am zentralen Server mit einer festen IP-Adresse. Dabei wird ein Index der angebotenen Dateien mit entsprechenden Metadaten (Dateiname, Interpret, Datum etc.) übertragen. Die Clients die Dateien herunterladen möchten, stellen eine Anfrage an den Server, der das komplette Angebot des P2P-Netzes kennt. Danach sucht der Server nach Clients, die diese Dateien anbieten und übermittelt deren IP an den anfragenden Client zurück. Von nun an kommuniziert der anfragende Client mit dem anbietenden Client,

der die gesuchten Dateien gespeichert hat Von hier an findet Peer-to-Peer Kommunikation statt.

9. Erläutern Sie das Ping-Pong-Protokoll von Gnutella. (4)

Ping:

Bei Eintritt ins Gnutella-Netz meldet sich ein Peer bei allen seinen Nachbarn durch eine Ping-Nachricht an. Die eingehende Ping Nachricht wird an die Nachbarn weitergeleitet (vergleichbar mit dem Schneeballeffekt). Diese Art der Nachrichtenpropagation nennt man „Flooding".

Pong:

Alle Knoten die einen Ping erhalten, antworten mit einem Pong zurück. Dieser enthält die IP-Adresse und eine Gesamtliste der angebotenen Daten. Die Pong-Nachrichten werden auf demselben Weg zurückgesendet wie die Ping-Nachrichten.

10. Nennen und erläutern sie die Regeln des Ping-Pong Protokolls? (4)

- jede Nachricht besitzt eine eindeutige ID, sodass ein Peer das mehrfache Senden einer Nachricht verhindern kann
- jede Nachricht enthält einen Time-To-Live (TTL) Wert, der initial festgelegt wird (meist mit dem Wert 6 oder 7) und bei jeder Weiterleitung des Paketes herunter gezählt wird
- beim Erreichen des Wertes 0 wird die Nachricht nicht mehr weitergeleitet
- weiterhin wird die Anzahl der Nachbarn eines Peers beschränkt

11. **Erklären Sie Query und Query-Hit bei Gnutella P2P Netzwerken. (4)**

Query:
Wenn ein Peer eine bestimmt Datei sucht, dann wird ein Such-String an die Nachbar-Peers gesendet. Die ankommenden Query-Nachrichten werden kaskadierend weitergeleitet, bis der TTL Wert erreicht wird.

Query-Hit:
Wenn ein Peer die gewünschte Datei besitzt, wird eine sogenannte Query-Hit-Nachricht auf umgekehrten Weg zurückgesendet. Diese Nachricht enthält die IP-Adresse und den Dateinamen. Damit findet der direkte Download statt.

12. **Welche Nachteile treten bei P2P Netzwerken wie Gnutella auf? (4)**

- zu viele Nachrichten werden produziert, die zu hoher Netzwerklast führen. Beispiel: Hat ein Knoten x Nachbarn, so wächst die Anzahl der versendeten Nachrichten exponentiell an. Bei typischen Werten von x = 4 und einem TTL Wert = 7 entstehen somit 13.120 Nachrichten.
- durch die Wahl des TTL wird das Netzwerk partitioniert, m.a.W. die Knoten können nur Daten innerhalb seiner Reichweite finden. Denn Suchanfragen werden nur an direkte Nachbarn weitergeleitet (abhängig vom TTL). Das komplette Netz wird nicht abgesucht und meist werden seltenen Dateien dadurch nicht gefunden.
- Wegfall der TTL-Grenze würde Problem nicht lösen, sondern dafür sorgen, dass jeder Peer alle Anfragen erhält
- Free Riding: viele Peers nutzen das Netz per Suchanfragen, stellen aber selbst keine Dateien ins Netz (15% der Peers liefern 94% der Daten).

13. **Was sind Super Peers? (1)**

SP sind Mischformen aus Gnutella und Napster. Super Peers sind den Napster-Servern sehr ähnlich und verantwortlich für einen Teilausschnitt des P2P Netzes (Bsp.: Kazaa).

EDI (Electronic Data Interchange)

1. **Welche Ziele werden mit EDI verfolgt? (2)**

   Die Ziele sind einerseits die Ersetzung manueller Arbeitsvorgänge zur Erstellung und Weiterverarbeitung von Geschäftsdokumenten und andererseits dass nicht mehr die Mitarbeiter die Sender und Empfänger von Nachrichten sind, sondern die beteiligten Anwendungsprogramme.

2. **Welche Rationalisierungspotentiale verspricht man sich mit EDI. Nennen und erläutern sie diese mit Ihren eigenen Worten! (6)**

   Mit EDI soll eine wachsende Vernetzung des nationalen und internationalen Handels verwirklicht werden. Es besteht ein Bedarf an beschleunigter Informationsübermittlung zwischen Handelspartnern. Somit wäre EDI die Ablösung der traditionellen Übertragung von Papierdokumenten zwischen den Kommunikationspartnern. Das würde 70% des Transaktionsaufwands einsparen, 50% der Durchlaufzeiten reduzieren und 30% der Kapitalbindungen verringern. ...

3. **Wofür steht EDIFACT? Worum handelt es sich dabei? (3)**

   UN/EDIFACT steht für United Nations Electronic Data Interchange For Administration, Commerce and Transport. EDIFACT ist eine branchenübergreifende internationale Sammlung von Standards und Regeln für das Format und den Austausch elektronischer Daten im Geschäftsverkehr. Verantwortlich für den EDIFACT-Standard ist eine UN-Einrichtung namens
   CEFACT (United Nations Centre for Trade Facilitation and Electronic Business - Zentrum der Vereinten Nationen für Handelserleichterungen und elektronische Geschäftsprozesse).

4. **Wofür steht ODETTE? Worum handelt es sich dabei und für welche Branche ist es entwickelt worden? (3)**

   ODETTE (Organisation for Data Exchange by Tele Transmission in Europe) ist eines dieser Standards für die Automobilindustrie. Dieses Protokoll dient zur direkten elektronischen Übertragung von Dateien zwischen zwei Kommunikationspartnern (Automobilhersteller und ihren Lieferanten).

5. **"Traditionelle" nicht elektronische unternehmensübergreifende Geschäftsprozesse sind i.d.R. personal- und zeitintensiv als auch fehleranfällig. Nehmen Sie hierzu Stellung und erläutern sie diese Aussage. (3)**

   Vorteile sollten klar sein, ansonsten -> Siehe Seite 14/15

6. **Mit einer elektronischen EDI Lösung kann ein gewisser Nutzen, wenn auch schwer quantifizierbar erzielt werden. Nennen und erläutern Sie diese! (3-4)**

7. **Erläutern Sie den EDI Nutzen aus betriebswirtschaftlicher, produktivitätsorientierter, logistischer und aus allgemeiner Sicht. (18)**

   Ist für mich alles das Selbe wie Frage 5!

8. **Nennen Sie 4 Herausforderungen bei der Einführung einer EDI-Lösung in einem Unternehmen.** **(4)**

EDI bedeutet nicht nur die Installation eines Kommunikationsmechanismusses, sondern schafft neue Qualität in der internen und externen Auftragsabwicklung, führt zu organisatorischen Anpassungen, substituiert Funktionen durch Integration von betrieblichen Anwendungen (Bspw.: manuelle Weiterleitung und Verarbeitung von Papier, Posteingang, Sichtung und Verteilung, manuelle Dokumentenverarbeitung) und die bilaterale Abstimmung über Inhalte, Datenfelder, Formate und Bereinigung von Fehlersituationen.

9. **Welche technischen Probleme können bei der Einführung einer EDI-Lösung (basierend auf Nachrichtenstandards) auftreten?** **(4)**

- vom EDI definierte obligatorische Felder sind in den Applikationen nicht vorhanden
- vom Standard definierte Feldlängen stimmen nicht mit denen der Applikationen überein
- intern verwendete Datenfelder können in EDI nicht abgebildet werden
- das Feld für herstellerspezifische Artikelnummern (bei 99999 ist Schluss) ist bei einigen Unternehmen nicht ausreichend

10. **Erläutern Sie die Beweggründe für die Einführung einer Web-EDI-Lösung aus Sicht eines WEB-EDI Betreibers.** **(3)**

- EDI-Anbindung auch kleiner Geschäftspartner
- Keine Notwendigkeit von Absprachen bzgl. Support oder Implementierung mit den Partnern
- Nur EDI-Inhouse-Schnittstelle notwendig

14. **Nennen Sie die Probleme, die bei den meisten Web-EDI Lösungen auftreten!** **(2-4)**

- ein Betreiber benötigt zusätzliche Infrastruktur, die gepflegt und gewartet werden muss
- Anwender muss die Daten weiterhin manuell erfassen, was fehleranfällig und zeitaufwendig ist
- der Hauptnachteil liegt aber in der mangelnden Integration in die Inhouse-Systeme
- üblicherweise entsteht bei Web EDI für den angebundenen Partner ein Medienbruch, der billigend in Kauf genommen wird, da jede Form der Anwendungsintegration sich aus Gründen des fehlenden Belegvolumens oder der mangelnden EDV Ausstattung als unrentabel erweist

15. **Nennen Sie 8 Eigenschaften von XML.** **(4-8)**

- bietet die Möglichkeit komplexe Datenstrukturen innerhalb eines Dokuments darzustellen
- die Darstellung erfolgt als Text mit Angabe des verwendeten Zeichensatzes
- ist beliebig zwischen Systemen und Plattformen austauschbar
- breite Industrieunterstützung, viele Werkzeuge arbeiten mit XML
- viele OpenSource-Werkzeuge zum Lesen und zur Manipulation von XML stehen zur Verfügung
- Freiheit der Daten
- Entkopplung von Daten und Applikationen
- Trennung von Information und Layout
- Schaffen von „selbstbewussten" Datenbeständen durch Anwendung von Standards

16. **Nennen Sie 8 Designziele von XML. (4-8)**

- soll sich im Internet auf einfache Weise nutzen lassen,
- soll ein breites Spektrum von Anwendungen unterstützen,
- soll zu SGML kompatibel sein,
- es soll einfach sein Programme zu schreiben, die XML-Dokumente verarbeiten,
- die Zahl optionaler Merkmale in XML soll minimal sein, idealerweise Null,
- XML-Dokumente sollten für Menschen lesbar und angemessen verständlich sein,
- der XML-Entwurf sollte zügig abgefasst sein,
- der Entwurf von XML soll formal und präzise sein,
- XML-Dokumente sollen leicht zu erstellen sein,
- Knappheit von XML-Markup ist von minimaler Bedeutung

17. **Nennen und Erläutern Sie die Vorzüge von XML mit eigenen Worten. (9)**

;-)

18. Gegeben ist folgende XML Datei. Wie könnten korrespondierende Java Klassen aussehen (ohne Methoden)? (5)

```
<?xml encoding="UTF-8"?>
<!DOCTYPE Adressbuch SYSTEM „ad.dtd">

<Adressbuch>

    <Person id="H.Meyer" Geschlecht="männlich">
        <Name>
            <Nachname> Meyer</Nachname> <Vorname> Hans </Vorname>
        </Name>
        <E-Mail>hmeyer@big.com</E-Mail>
        <link manager="F.Mueller"/>
    </Person>

    <Person id="F.Mueller" Geschlecht="männlich">
        <Name>
            <Nachname> Mueller</Nachname> <Vorname> Franz </Vorname>
        </Name>
        <E-Mail>fmueller@big.com</E-Mail>
        <link subordinate="H.Meyer"/>
    </Person>

</Adressbuch>
```

```
public class Adressbuch {

    private HashMap<Integer, Person> persons;

}
```

```
public class Person {

    private Integer id;
    private String sex;
    private String surname;
    private String firstname;
    private String email;
    private Integer manager;
    private Integer subordinate;

}
```

19. Was bedeutet Wohlgeformtheit bei XML Dokumenten und wodurch ist ein gültiges XML Dokument gekennzeichnet? (5)

XML Dokumente sind wohlgeformt wenn sie allen Regeln genügen (Syntax). Ein wohlgeformtes XML-Dokument entspricht der XML-Syntax für Start-, Ende- und Leere Tags. Die Elemente des Dokuments sind weiterhin streng hierarchisch geschachtelt. Ob ein XML-Dokument wohlgeformt ist, kann durch einen Parser geprüft werden. Diese sind für die Anzeige im Browser gedacht. Damit ein XML Dokument auch ein gültiges Dokument ist, muss die Struktur interpretiert werden können. Ein valides XML-Dokument referenziert eine DTD und verhält sich konform zu den dort getroffenen Deklarationen.